SUSANNE KLUG

ABENTEURER
KÜCHE

DIE BESTEN REZEPTE FÜR
CAMPING, PICKNICK UND LAGERFEUER

Wir leben viel zu viel in geschlossenen Räumen. Im Herbst und Winter ist das Einkuscheln zu Hause wunderbar und richtig. Im Sommer aber müssen wir raus! In die Sonne, ans Meer, den Bach, den Badesee. Raus in die Berge, in den Park. In den Wind und in die Freibäder.

Mit kleinen und mit großen Kindern ist der Weg nach draußen meist die einzige Alternative. Sie strotzen Hitze, Wind und Regen. Merken die Kälte nicht und kühlen sich in Bächen ab. Sie klettern nach oben und fallen nach unten. Sie verstecken sich im hohen Gras und spielen mit gemähtem Heu. Sie schleudern Bälle auf die Wiesen und buddeln jedes Sandkorn zehnmal zur Burg. Mit ihrem ausgeprägten Abenteurergeist kriegen sie einfach nicht genug von frischer Luft. Damit wir Eltern nicht ganz außen vor sind, sind wir Spielgefährte, Bademeister, Schnitzlehrer, Laufbursche und Schneekönigin zugleich.

Doch wir wissen ja, nach jedem Abenteuer knurrt der Magen. Die Hungrigen stürmen die Picknickdecken und schlagen sich die Bäuche voll. Wappnen Sie sich, und füllen Sie den Picknickkorb bis zum Rand mit den tollsten, dollsten, feinsten Leckereien. Stecken Sie den Grill ein, sammeln Sie - mit den Kindern! - Holz fürs Lagerfeuer, und machen Sie das Essen für die kleinen Abenteurer zur perfekten Abenteurer-Küche.

VORWORT

INHALT

GEWUSST WIE 4

AUFGESPIESST & EINGEROLLT ... 10

DICK BELEGT & EINGEFÜLLT 22

HEISS GEGRILLT 34

CAMPINGKOCHER DE LUXE 48

SÜSS GEMACHT 58

DAZUGEREICHT &

ANGESTOSSEN 72

REGISTER & CO. 84

GUT EINGEPACKT!
22 WICHTIGE DINGE FÜR ABENTEURER

Gute Planung im Vorfeld lohnt sich: Packen Sie alle Abenteuer-Utensilien schon am Vortag zusammen, sonst wird aus 9 Uhr Aufbruch schnell mal 11 Uhr, und die Hälfte des Abenteuers ist verpasst. Frisches aus dem Kühlschrank und kalte Getränke kommen dann kurz vor dem Abmarsch in die Kühltasche, Kind & Kegel zum Schluss in den passenden Abenteurer-Klamotten obendrauf!

RUCKSACK ODER RIESENTASCHE

Da muss alles rein, was wir brauchen. Die Kinder können ihre eigenen Rucksäcke mit Spiel- und Werkzeug, Bällen oder Springseil selber packen (und auch tragen).

DECKE

Eine schöne Decke ist der Mittelpunkt jedes Picknicks. Es lohnt sich die Anschaffung einer riesengroßen Decke. Bestückt mit Leckereien, Spielzeug und Sonnencreme, werden alle Ausschwärmer immer wieder hier zusammenfinden.

+ KORKEN-ZIEHER

Eh klar!
Sowieso immer dabei!

+ SCHWEIZER TASCHENMESSER

Der Traum eines jeden kleinen Jungen. Ein eigenes Taschenmesser. Wer noch keines hat, Papa fragen und mit ihm gemeinsam Pfeil und Bogen oder eine Angel schnitzen. (Übrigens: mit eingraviertem Namen ein super Taufgeschenk für kleine Jungs ;-))

FOTOAPPARAT/KAMERA

Die schönsten Erinnerungen festhalten: Papa mit Blumenkranz. Jubelnde Torschützen. Pitschnasse Angler. Heulende Indianer. Alle Freunde zusammen.

KÜHLTASCHE MIT KÜHL-AKKUS

Für Salate, Früchte, Belegtes und Getränke sowieso. Eine große Kühltasche ist einfach ein Muss. Kühlakkus (nicht vergessen, am Vortag ins Tiefkühlfach packen!) halten das Ganze mehrere Stunden kalt.

WÄRMEKISSEN Siehe Thermoskanne. Kalte Hände mit einem Taschenwärmer (die, die man so lustig knickt) warm kriegen.

Feuerzeug oder Streichhölzer

Für den Grill oder das Lagerfeuer.

WECHSELKLEIDUNG Für plötzliche Regengüsse oder nasse Hosenbeine aus dem Bach. Packen Sie die leichteste, minimal Platz verschwendende Wechselwäsche ein.

DECKEN-INSEL

JE GRÖSSER DIE DECKE,
DESTO GRÖSSER DAS
VERGNÜGEN.

LEICHTE TUPPER

Schön verpackt in Frischhalte-dosen, sehen Salat, Snacks & Co. buffettauglich aus.

KÜCHENROLLE

Für Umgestürztes, Kinder-münder, zum Säubern von Schüsseln ... u.v.m. Servietten gehen natürlich auch.

THERMOSKANNE
Bei Wind und Wetter und eisiger Winterwan-derung: Ohne warmen Tee oder Suppe aus der Thermoskanne geht es kaum. Mit Kindern schon gar nicht. Kleine und große Verfrorene werden es Ihnen danken.

GESCHIRR, BESTECK UND GLÄSER
Pappe und Plastik für die Tonne? Nein danke! Leichtes, handliches und noch dazu hübsch-buntes Geschirr aus umweltfreundlichen Stoffen gibt es mittlerweile zuhauf. Benutztes Geschirr und Besteck einfach in eine kleine Tüte wickeln und den Abwasch zu Hause erledigen.

+ MUSIK

Wie schön, wenn jemand dran gedacht hat. Open-Air-Konzerte lieben wir. Macht einfach super Laune unter freiem Himmel und hören wir gerade dort zu selten.

KISTE ODER HOCKER ALS TISCH
– für die, die mit dem Bollerwagen auf Abenteuer-Reise gehen.

CAMPINGKOCHER

Für schnelle Topf- und Pfan-nengerichte (siehe ab S. 48).

LEITERWAGEN/BOLLER-WAGEN
Für kleine Kinder, aber auch für Essen, Trin-ken, Deko, Oma, Opa u.v.m.

+ SONNEN-SCHUTZ,
SONNENCREME UND MÜCKENKERZE/MITTEL
Besser gut vorbereitet als - wenn's zu spät ist - Joghurt und Kühlgel zu verteilen.

KLOPAPIER FÜRS GESCHÄFTCHEN
Es geht natürlich auch mit großen Blät-tern, hygienischer und beliebter ist viel-leicht doch die normale Rolle.

MÜLLTÜTE
Da kommt alles rein, was sonst auch in den Müll kommt. Damit die Tüte jeder sieht und wirklich ALLES darin lan-det: An einen gut sichtbaren Platz hängen (Baum!) und allen - Kindern UND Erwachsenen - Bescheid geben.

+ OUTDOOR-SPIELE

Boccia, Krocket, Wickinger-Schach, Badminton- oder Federball-schläger ... ein bisschen nostalgisch und für Groß und Klein und vor allem gemeinsam einfach ein Riesenspaß! Und auch unsere Singlefreunde Hugo und Julia kommen sich unter freiem Him-mel beim Spielen endlich mal näher und brechen das Eis.

SO WIRD'S HÜBSCH

Soll doch toll aussehen unser Fort, die Party im Freien, der gedeckte Tisch vorm Camper. Das meiste ist schnell gemacht und kommt jahrelang wieder zum Einsatz. Im Keller zur Outdoor-Ausrüstung packen, dann ist es schnell zur Hand, wenn das Wetter nach Abenteuer schreit.

DIESE DINGE VERSCHÖNERN ALLES IM HANDUMDREHEN!

TEELICHTER

In alten Marmeladegläsern große Teelichter brennen lassen. Die Gläser vorher mit Papier-Spitzen-Deckchen bekleben. Auch buntes Glanzpapier sieht hübsch aus. Mit weißem Fensterstift kleine Botschaften auf die Gläser schreiben. „Liebe", „Freundschaft", „Piraten an Bord", „Süßkram", „Leckereien" oder „Männerwochende" sieht in geschwungener Schrift wunderschön aus.

+ LUFT-SCHLANGEN

Wiegen beim Transport nichts. Und es macht Spaß, sie über die Picknickdecke zu pusten. Nur alles gut aufräumen hinterher!

LUFTBALLONS

Picknick unterm Regenbogen: Kinder blasen gerne Luftballons auf. In Regenbogenfarben an eine Schnur binden und von Baum zu Baum hängen.

+ LAMPIONS

Sobald es dunkel wird, und auch im Hellen, bunte Lampions in die Bäume hängen. Gerade am festen Campingplatz essen wir so abends nicht nur unter Sternenhimmel, sondern auch von Laternen beleuchtet.

+ WIMPEL

Wenn man sich einmal die Mühe macht und aus alten Stoffresten und einer langen Schnur eine bunte Wimpelkette näht, hat man immer eine wunderschöne Dekoration (von Baum zu Baum gespannt) mit im Gepäck. Die hält jahrelang, wenn man sie wieder gut aufwickelt.

LAKEN FÜRS TIPI

Ein paar dünne Bettlaken für selbst gemachte Höhlen und Tipis einpacken. Aus großen Ästen Tipis bauen und Laken drüberhängen. Ihre Kinder werden Sie dafür lieben.

DOSEN FÜR BESTECK HÜBSCH GEMACHT

Entfernen Sie das Papier um die Dose vollständig, und wickeln Sie stattdessen Bänder mit Anhängern darum. Darauf steht: „Besteck" oder „Eiswürfel", „Servietten" und auch „Eiskasse" – für den Eisverkäufer, der hoffentlich gleich um die Ecke biegt.

GEMÜTLICHE TEPPICHE UND KISSEN

Okay, das ist zwar schwer zu schleppen, aber das absolute Wahnsinns-Event bekommen Sie mit vielen bunten Teppichen, Decken und Kissen hin. So fühlen wir uns fast wie bei 1001 Nacht im Orient. Vielleicht können Sie den schweren Kuschelkram ja im Auto transportieren und in der Nähe des Lieblingsplatzes parken.

KAPITEL 1

AUFGESPIESST & EINGEROLLT

Für unterwegs sind Leckereien perfekt, die man — wenn's schnell gehen muss — in die Hand oder eine hübsche Box packen kann. Der Inhalt bleibt gerollt schön saftig, knackig, einfach lecker! Und auch bei den Kindern kommen die Röllchen, Kugeln und bunten Spieße total gut an. Für sie kann man gar nicht genug spießen, kugeln und rollen. Lassen Sie sie mitmachen, dann wird es gleich ein Spaß für alle!

ABENTEUERKÜCHE

GLÜCKSROLLEN

Gibt es etwas Erfrischenderes als Glücksrollen an einem warmen Sommertag? Ich finde nicht! Und da wirklich alle von den Röllchen schwer begeistert sind, dürfen sie auch hier nicht fehlen.

1 Ingwer schälen und sehr fein würfeln. Knoblauch schälen und ebenfalls klein würfeln. Möhren schälen, putzen und in feine Streifen schneiden. Lauch waschen, putzen und in schmale Ringe schneiden. Paprikaschote längs halbieren, entkernen, waschen und in feine Streifen schneiden. Champignons putzen, Stielenden entfernen. Die Pilze in feine Streifen schneiden.

2 Glasnudeln und Reispapier jeweils in eine Schüssel füllen und nach Packungsanweisung in warmem Wasser einweichen.

3 Das Sesamöl in einer großen Pfanne erhitzen. Ingwer und Knoblauch darin anbraten. Das restliche Gemüse bis auf die Sprossen dazugeben und alles knackig anbraten. Die abgetropften Glasnudeln unter das Gemüse heben.

4 Koriander waschen und trocken schütteln. Die Blätter abzupfen und unter das Gemüse rühren. Mit Limettensaft, Sweet-Chili-Sauce, Austern- und Fischsauce pikant würzen. Zum Schluss die Sojasprossen heiß abbrausen und unterrühren.

5 Die eingeweichten Reispapierblätter nacheinander auf ein feuchtes Küchentuch legen. Je 2 EL Füllung mittig auf dem Reispapier platzieren. Das Reispapier erst von den Seiten, dann von unten über die Füllung schlagen. Von unten fest aufrollen und die Ränder vorsichtig andrücken. Nacheinander 10 Glücksrollen zubereiten. Nach Belieben in Sweet-Chili- oder Sojasauce dippen und genießen.

ZUTATEN

FÜR 10 RÖLLCHEN
1 haselnussgroßes Stück Ingwer
2 Knoblauchzehen
2 Möhren (ca. 200 g)
1 kleine Stange Lauch (ca. 150 g)
1 rote Paprikaschote (ca. 200 g)
200 g Champignons
200 g Glasnudeln
10 Blätter rundes Reispapier
(für Glücksrollen)
4 EL Sesamöl
1 Bund Koriander
Saft von 1 Limette
Sweet-Chili-Sauce
Austernsauce · Fischsauce
2 Handvoll Sojasprossen (ca. 150 g)

 45 Min.

TIPP:
Für Kinder Glücksrollen mit weniger Gemüse und mit angebratenem Hühner- oder Hackfleisch rollen. Ingwer, Knoblauch und Koriander weglassen.

TRAMEZZINI-RÖLLCHEN

Laaaangweilig, immer diese dreieckigen Sandwiches! Ab sofort wird gerollt! Und fest gepresst, fällt auch nichts raus.

1 Ein sauberes Geschirrtuch flach auf der Arbeitsfläche ausbreiten. Die Tramezzini-Brote etwa 1 cm überlappend nebeneinander auf das Tuch legen. Mit dem Nudelholz flach rollen.

2 Die Zucchini putzen und waschen. Zucchini mit dem Sparschäler in sehr dünne Scheiben schneiden. Olivenöl in einer Pfanne erhitzen, die Zucchini darin kurz von beiden Seiten anbraten. Mit Salz und Pfeffer würzen.

3 Frischkäse auf dem Brot verteilen. Mit Zitronenschale bestreuen. Erst Zucchinischeiben, dann Roastbeef flach darauflegen. Thymian waschen, trocken schütteln, die Blätter abzupfen und auf dem Roastbeef verteilen. Mit Salz und Pfeffer würzen.

4 Das Brot mit dem Küchentuch fest zu einer Rolle aufrollen und andrücken. Die Tramezzini-Rolle etwa 30 Minuten in den Kühlschrank stellen. Kurz vor dem Servieren mit einem scharfen Messer in 2 cm dicke Scheiben schneiden und auf einem großen Teller anrichten.

ZUTATEN

FÜR CA. 12 RÖLLCHEN
200 g Tramezzini-Sandwich-Brot (ersatzweise American Sandwich ohne Rand)
2 kleine oder 1 große Zucchini (ca. 150 g)
2 EL Olivenöl
Salz · Pfeffer aus der Mühle
175 g Doppelrahm-Frischkäse
1 EL abgeriebene Bio-Zitronenschale
100 g Roastbeef in dünnen Scheiben
4 Zweige Thymian

 30 Min.
+ 30 Min. Kühlzeit

+ GUTES KLIMA

BROTZEITBOXEN SIND FÜR DEN
TRANSPORT PERFEKT — DIE
TRAMEZZINI TROCKNEN NICHT AUS
UND WEICHEN NICHT AUF.

KARTOFFEL-GEMÜSE-BOLLER

Schmecken warm, schmecken kalt, schmecken Kindern in der Brotzeitbox.

1 Kartoffeln 20 Minuten weich garen, kurz ausdampfen lassen und schälen. Die Kartoffeln durch die Kartoffelpresse drücken und mit Mehl in einer Schüssel mischen.

2 Paprikaschote entkernen, waschen und erst in Streifen schneiden, dann fein würfeln. Paprika, Erbsen und Mais in die Schüssel geben und alles mit einer Gabel gut zerdrücken.

3 Kartoffelmasse mit Ei und Eigelb, Butter und Käse sowie Brühe und Muskatnuss zu einem klebrigen Teig rühren. Den Teig mit Salz und Pfeffer würzen. Mit nassen Händen etwa 8 handteller- oder 16 kinderhandtellergroße Bällchen daraus formen.

4 Das Öl in einer Pfanne erhitzen und die Bällchen von allen Seiten goldbraun braten. Bällchen in einen Dip (siehe unten) tunken und genießen.

Tomaten-Sauerrahm-Dip:

2 EL Tomatenmark mit 100 g Sauerrahm und 1 durchgepressten Knoblauchzehe glatt rühren. 2 EL Schnittlauchröllchen unterrühren. Mit Salz und Pfeffer würzen.

ZUTATEN

FÜR 8 GROSSE BÄLLCHEN
500 g Kartoffeln
200 g Dinkelvollkornmehl
½ Paprikaschote (ca. 100 g)
2 EL tiefgekühlte Erbsen
2 EL Maiskörner (aus der Dose)
1 Ei · 1 Eigelb
1 EL weiche Butter
4 EL geriebener Käse (Parmesan oder Cheddar)
1 TL gekörnte Gemüsebrühe
frisch geriebene Muskatnuss
Salz · Pfeffer aus der Mühle
4 EL Rapsöl

 30 Min.

VEGGIE

> *TIPP:*
> *Wer mag, kann die Kartoffelbällchen mit Gurkenscheiben, Cocktailtomaten oder anderem Lieblingsgemüse auf Spieße stecken. Auf der Picknickdecke sieht das sehr hübsch aus.*

SALAT-SPIESSE

Doppelt lecker! Sie können die Spieße roh knabbern oder kurz in heißem Öl anbraten und warm genießen. Egal, wie Sie sich entscheiden: Die Spieße schmecken in beiden Varianten einfach herrlich.

1 Tomaten waschen. Zucchini putzen und waschen. Von der Zucchini mit einem scharfen Messer oder einem breiten Gemüseschäler papierdünne, lange Scheiben abschneiden, die man einrollen kann. Fenchel putzen, waschen und in etwa 3 cm breite Stücke schneiden. Mozzarella abtropfen lassen und in insgesamt 24 gleich große Stücke schneiden. Schinkenscheiben halbieren und aufrollen.

2 Abwechselnd Tomaten, Zucchiniröllchen, Fenchelstücke, Mozzarella und Schinkenröllchen auf die Spieße stecken, sodass jede Zutat zweimal auf den Spieß kommt.

3 Spieße mit etwas Olivenöl beträufeln und mit Salz und Pfeffer würzen. Wer mag, kann die Spieße in etwas Öl kurz von allen Seiten anbraten. Man kann sie aber auch roh in den Picknickkorb packen.

ZUTATEN

FÜR 12 SPIESSE
24 Cocktailtomaten
1 große Zucchini (ca. 300 g)
1 Fenchelknolle
3 Kugeln Mozzarella (à 120 g)
12 Scheiben Parmaschinken
etwas Olivenöl zum Beträufeln
Salz · Pfeffer aus der Mühle

 15 Min.

Toll!

+ TIPP
PERFEKT FÜR DIE KINDER-
GEBURTSTAGSPARTY UNTER
FREIEM HIMMEL.

PIZZAKUGELN

1 Backofen auf 200 °C Umluft vorheizen. Den fertigen Pizzateig in 24 Quadrate schneiden. Die Tomaten mit Kräutern, Zucker, Salz und Pfeffer würzen.

2 Mozzarella klein zupfen. Schinken beziehungsweise Salami klein würfeln. Jeweils 1 Pizzaquadrat in die Hand legen. Mit etwas Sauce, Käse und Schinken oder Salami füllen und oben von den Seiten zu einer Kugel zudrücken. So fortfahren, bis alle Kugeln gefüllt sind.

3 Die Pizzakugeln mit Olivenöl bestreichen, auf ein mit Backpapier belegtes Backblech legen und im Ofen auf der mittleren Schiene etwa 15 Minuten backen. Aus dem Ofen nehmen und auf einem Gitter abkühlen lassen.

4 Die Pizzakugeln auf Schaschlikspieße stecken oder in Tütchen packen und dann ab zum Picknick düsen.

Tipp:

Füllen Sie die Kugeln nach Geschmack mit Pilzen, Peperoni, Mais oder Parmaschinken. Je voller die Kugeln sind, desto saftiger und leckerer schmecken sie!

ZUTATEN

FÜR 24 PIZZAKUGELN
2 Packungen Pizzateig
(aus dem Kühlregal; ca. 800 g)
400 g stückige Tomaten
(aus der Dose)
2 EL getrocknete italienische
Kräuter
1 TL Zucker
Salz · Pfeffer aus der Mühle
2 Kugeln Mozzarella
150 g gekochter Schinken oder
Salami (nach Belieben)
4 EL Olivenöl

 30 Min.

 Zubehör:
24 Zahnstocher oder
Schaschlikspieße

ich ♡ es

OUTDOORSPIELE FÜR KLEIN UND GROSS

Meine Jungs hassen es, wenn wir Erwachsenen immerzu quatschen. Da wir das aber ab und zu ausgiebig tun müssen, kommen hier ein paar prima Tipps gegen Langeweile. Ausgestattet mit diesen Spielanregungen, rücken uns die wilden Racker gern ein wenig vom Leib, wenn Mama 1 (Katja), Mama 2 (Vicky) und Mama 3 (ich) lieber ratschen. Und nicht selten verwandeln die Papas sich plötzlich selbst wieder in kleine Jungs und machen einfach mit.

FÜR NATURKUNDLER UND FORSCHER:

+ Mit verbundenen Augen Dinge aus der Natur ertasten und erschnuppern: zum Beispiel Tannenzapfen, Hagebutten, Kleeblätter, Pusteblume, Bucheckern, Kräuter oder Baumrinde

+ Ein vierblättriges Kleeblatt suchen

+ Flache Steine übers Wasser flippen lassen – wer's sechs Mal schafft, ist Sieger!

+ Grashüpfer im Glas fangen (und auch wieder frei lassen)

+ Ein Regenwurm-Wettrennen veranstalten

FÜR TRÄUMER:

+ Sachen und Tiere in den Wolken suchen

+ Gänseblümchen-Kränze binden

+ Einen Blumenstrauß aus Wiesenblumen pflücken

+ Schmetterlinge zählen

+ Drachen steigen lassen

FÜR BEWEGUNGSFREUDIGE:

+ Auf Bäume klettern und in Büschen Höhlen bauen

+ Im Bach Staudämme errichten und brechen lassen – Wasser marsch!

+ Sackhüpfen (ein paar Säcke mit im Gepäck haben)

+ Eierlauf veranstalten (Löffel und gekochte Eier einstecken)

+ Steinburgen bauen

FÜR ABENTEUER-HUNGRIGE:

+ Ein Tipi aus Laub und Ästen bauen

+ Cowboy und Indianer spielen und dabei lässig auf Grashalmen kauen

+ Ein Lagerfeuer machen (siehe Seite 39)

+ Pfeil und Bogen oder eine Angel schnitzen (aber nur mit Fischereischein angeln!)

+ Selbst gebastelte Flöße in Bach oder Fluss auf große Fahrt schicken

+ Eine Flaschenpost basteln und einen spannenden Brief für den Finder schreiben

KAPITEL 2

DICK
BELEGT &
EINGEFÜLLT

Hauptsache bunt und voller köstlicher Zutaten — in farbenfrohen Schüsseln oder Teigen wird hier für jeden Anlass gefüllt und geschichtet. Türmen und belegen Sie wild übereinander und durcheinander — jedes Buffet wirkt dadurch üppig und einladend für alle Gäste.

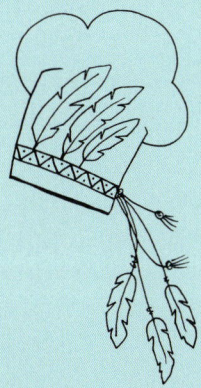

ABENTEURERKÜCHE

BESTER SALAT UNTER FREIEM HIMMEL

1 Die Melone halbieren. Eine Hälfte am Rand entlang mit dem Messer einschneiden und das Fruchtfleisch mit einem großen Servierlöffel möglichst im Ganzen herausnehmen, ohne die Schale zu verletzen – die wird später die Salatschüssel.

2 Das Fruchtfleisch in 1½ cm dicke Scheiben schneiden. Mit einem Sternausstecher so viele Sterne wie möglich ausstechen und in die ausgehöhlte Melone füllen.

3 Die Gurke waschen und in feine Scheiben schneiden oder hobeln. Gurkenscheiben mit den Melonensternen mischen. Die Zwiebeln schälen und vierteln. Die Viertel in einzelne Segmente trennen. Zwiebeln ebenfalls zum Salat geben. Feta in kleinen Stücken über den Salat bröckeln.

4 Die Minze waschen, trocken schütteln, Blätter abzupfen und in feine Streifen schneiden. Aus Zitronensaft, Olivenöl, Salz und Pfeffer ein Dressing rühren. Das Dressing über dem Salat verteilen und zum Schluss die Minze darüberstreuen.

5 Die andere Melonenhälfte in 3 Schiffchen teilen. Die Schiffchen in 2 cm dicke Scheiben schneiden. Die Melonendreiecke auf Eisstiele stecken und zum Nachtisch als Eis am Stiel gekühlt anbieten.

ZUTATEN

FÜR 4 PICKNICKER
1 kleine Wassermelone
(ca. 2½ kg)
1 Salatgurke
2 rote Zwiebeln
200 g Feta (Schafskäse)
1 Bund Minze
Saft von ½ Zitrone
4 EL Olivenöl
Salz · Pfeffer aus der Mühle

 15 Min.

 **Zubehör:
Sternausstecher**

GANZ EASY

+ TIPP

ERSETZEN SIE DIE MINZE
DURCH BASILIKUM —
DAS PASST UNERWARTET
GUT ZU WASSERMELONE
UND GURKE.

GEFÜLLTE ORIENTALISCHE HACKBÄLLCHEN

1 Das Hackfleisch in eine große Schüssel füllen. Die Zwiebel schälen und zusammen mit den Korinthen im Blitzhacker kurz zerkleinern. Unter das Hackfleisch mischen. Feta in 12 Würfel schneiden. Die Hackmischung mit Kreuzkümmel und Zimt sowie Salz und Pfeffer würzen.

2 Den Fleischteig in 12 gleich große Portionen teilen. Je 1 Portion in der Hand flach drücken, 1 Stück Feta in die Mitte legen, die Hackfleischmasse um den Käse schließen und zu einer Kugel rollen. Die restlichen Kugeln auf die gleiche Weise füllen und zusammenrollen.

3 Das Olivenöl in einer Pfanne (am besten in einer Grillpfanne) erhitzen und die Hackbällchen von allen Seiten etwa 8 Minuten gut durchbraten. Die Bällchen auf Spieße stecken und zusammen mit Fladenbrot in den Picknickkorb packen.

ZUTATEN

FÜR 12 STÜCK
500 g Lammhackfleisch (vom Metzger; ersatzweise 500 g Rinderhackfleisch)
1 rote Zwiebel (ca. 60 g)
50 g Korinthen
175 g Feta (Schafskäse)
½ TL Kreuzkümmel
1 TL Zimtpulver
Salz · Pfeffer aus der Mühle
4 EL Olivenöl
Fladenbrot

 20 Min.

GANZ EASY

SCHICHTSALAT MAL ANDERS

1 Couscous nach Packungsanleitung quellen lassen. Mit 4 EL Olivenöl und Saft von 1 Zitrone sowie Salz abschmecken.

2 Kichererbsen abtropfen lassen, mit restlichem Zitronensaft und Olivenöl, Roten Beten, Tahin, Knoblauch und Kreuzkümmel im Mixer oder mit dem Pürierstab zu einer feinen Paste pürieren. Mit Salz und Pfeffer würzen.

3 Sellerie waschen und putzen. Die Gurke schälen. Sellerie und Gurke in feine dünne Streifen schneiden, beides sehr klein würfeln und miteinander vermischen. Sauerrahm mit Salz und Pfeffer würzen.

4 Abwechselnd Couscous, Hummus und Gemüse in sechs verschließbare Gläser schichten. Zum Schluss ein wenig Sauerrahm auf jeden Salat klecksen. Mit langen Stiellöffeln genießen.

Tipp:

Füllen Sie den Salat in leere Senf- oder Marmeladegläser mit Deckel. So bleibt er bis zum Löffeln auf der Picknickdecke frisch.

ZUTATEN

FÜR 6 GLÄSER (À 300 ML)
300 g Couscous
8 EL Olivenöl
Saft von 2 Zitronen
Salz
1 Dose Kichererbsen
(265 g Abtropfgewicht)
2 Rote Beten (vorgegart, vakuumverpackt; ca. 200 g)
3 EL Tahin (Sesampaste)
1 Knoblauchzehe
1 TL Kreuzkümmel
Pfeffer aus der Mühle
1 Stange Staudensellerie
½ Salatgurke
200 g Sauerrahm

 45 Min.

VEGGIE

BÖREK CIGARS

GEFÜLLT MIT SCHAFSKÄSE, BROKKOLI ODER PAPRIKA — DA IST FÜR JEDEN ETWAS DABEI!

Ta ta!

BÖREK CIGARS

Fantastisch, weil sooo abwechslungsreich. Es ist immer wieder spannend, welche Füllung man beim nächsten Bissen erwischt!

Schafskäse-Minz-Füllung:

Feta auf der Gemüsereibe fein reiben und mit der Minze mischen.

Brokkoli-Mandel-Füllung:

Brokkoli waschen, putzen und in der Brühe garen, bis das Wasser verkocht ist. Mit gemahlenen Mandeln (so viel, dass die Füllung nicht zu flüssig ist) pürieren. Mit Ei, 1 Prise Zucker, Muskatnuss sowie Salz und Pfeffer mischen.

Paprika-Käse-Füllung:

Paprikaschote längs halbieren, entkernen, waschen und klein schneiden. Tomate waschen und klein schneiden. Paprika und Tomate im Mixer zerkleinern. Es darf ruhig stückig und fester sein. Mit Tomatenmark, Cheddar, Basilikum und 1 Prise Zucker mischen. Mit Salz und Pfeffer abschmecken.

ZUTATEN

FÜR 24 CIGARS

SCHAFSKÄSE-MINZ-FÜLLUNG:
100 g Feta (Schafskäse)
2 TL getrocknete Minze

BROKKOLI-MANDEL-FÜLLUNG:
250 g Brokkoli
100 ml Gemüsebrühe
2—3 EL gemahlene Mandeln
1 Ei
Zucker
frisch geriebene Muskatnuss
Salz • Pfeffer aus der Mühle

PAPRIKA-KÄSE-FÜLLUNG:
1 rote Paprikaschote
½ Tomate
1 gehäufter EL Tomatenmark
2 EL geriebener Cheddar
6 Basilikumblätter
Zucker
Salz • Pfeffer aus der Mühle

 15 Min. pro Füllung

UND SO WERDEN DIE BÖREKS ZUBEREITET

1 Eine kleine Tasse mit Wasser füllen. Nun immer pro Cigar nur 1 Teigdreieck aus der Packung nehmen, da Yufkateig sehr schnell austrocknet. Mit der Spitze nach oben auf die Arbeitsfläche legen. Mit etwas zerlassener Butter dünn einpinseln.

2 Je 1 EL Füllung an der unteren Kante verteilen. Rechts und links jeweils etwa 2 cm frei lassen. Die Seiten nacheinander einschlagen, das untere Ende dicht über die Füllung klappen und die Cigars vorsichtig, aber fest aufrollen. Die obere Spitze mit etwas Wasser anfeuchten und etwas andrücken. Auf diese Weise etwa 24 Cigars mit den 3 Füllungen füllen und rollen.

3 Backofen auf 200 °C Umluft vorheizen. Die Cigars auf ein mit Backpapier belegtes Blech legen und im Ofen auf der mittleren Schiene 15 bis 18 Minuten goldgelb und knusprig backen. Warm oder kalt genießen – unfassbar lecker!

Süüüße Superfüllung:

100 g Zartbitter-Schokolade in 70 ml warmer Sahne schmelzen. Fein verrühren. 100 g Doppelrahm-Frischkäse unterrühren und die Creme bis zum Füllen in den Kühlschrank stellen. Cigars wie oben beschrieben mit der Schokocreme füllen und bis zum Verzehr kühl stellen.

ZUTATEN

FÜR 24 CIGARS
1 Packung Yufkateig (dreieckig; aus dem Kühlregal; ca. 360 g)
125 g zerlassene Butter

 30 Min.
+ 18 Min. Backen

alles

GANZ EASY

mmh!

+ TIPP
DA FÄLLT FAST
NICHTS RAUS —
FÜR KINDER IDEAL!

TORTILLA-CUPS

1 Die Tortillafladen jeweils in 4 Dreiecke schneiden. Die Dreiecke in die zwölf Mulden einer Muffinform legen. Das Hähnchenbrustfilet waschen, trocken tupfen und klein würfeln. Das Öl in einer Pfanne erhitzen und das Fleisch darin scharf anbraten. Mit Salz und Pfeffer würzen.

2 Backofen auf 180 °C Umluft vorheizen. Mais und Kidneybohnen abgießen. In die Tortillaförmchen Fleisch, Mais und Kidneybohnen verteilen. Mit Käse bestreuen und im Ofen auf der mittleren Schiene etwa 15 Minuten überbacken.

3 In der Zwischenzeit eine Guacamole zubereiten: Dafür die Avocado halbieren, den Stein entfernen und das Fruchtfleisch in den Mixer füllen. Knoblauch schälen, klein würfeln. Avocado, Knoblauch und Limettensaft fein pürieren, mit Chiliflocken, Salz und Pfeffer pikant würzen.

4 Die Tortillabecher aus dem Ofen holen und kurz vor dem Servieren je 1 TL Sauerrahm und Guacamole daraufklecksen.

ZUTATEN

FÜR 12 KLEINE CUPS
3 Weizentortillas
100 g Hähnchenbrustfilet
1 EL Rapsöl
Salz · Pfeffer aus der Mühle
1 kleine Dose Maiskörner
(120 g Abtropfgewicht)
1 Dose Kidneybohnen
(240 g Abtropfgewicht)
100 g geriebener Cheddar
1 reife Avocado
1 Knoblauchzehe
Saft von 1 Limette
Chiliflocken
100 g Sauerrahm

 25 Min.

 Zubehör:
1 Muffinblech
mit 12 Mulden

KAPITEL 3

HEISS GEGRILLT

Da liegt ein ganz besonderer Duft in der Luft. Ob am Lagerfeuer, auf dem Garten- oder Einweggrill oder aus der Pfanne über dem Campingkocher: Nichts passt besser zur Outdoorküche als Gegrilltes! Und es muss nicht immer nur ein dickes Steak oder Kotelett sein. Grillen kann man fast alles. Von A wie Ananas bis Z wie Zitronen. Probieren Sie es aus!

ABENTEURERKÜCHE

HOT-DOG-STOCKBROT

Einfaches Stockbrot haut mich nicht mehr um, aber diese gefüllten Hot-Dog-Stockbrote sind der Knaller!

1 Weizen- und Maismehl mischen, Olivenöl dazugeben. Hefe in etwa 200 ml lauwarmem Wasser auflösen, Zucker und Salz unterrühren. Hefewasser zum Mehl gießen und alles gut mit einem Kochlöffel verrühren. Mit den Händen zu einer glatten Teigkugel kneten, den Teig mit einem Tuch abdecken und an einem warmen (Urlaubs-)Ort 25 bis 30 Minuten gehen lassen.

2 In der Zwischenzeit die Stöcke der Länge nach durch die Bockwürste stecken. Den aufgegangenen Teig in 4 Teile teilen. Aus den Teigstücken zwischen den Händen 4 etwa 30 cm lange Teigschlangen formen. Die Teigschlangen um die Würste wickeln und über dem Lagerfeuer oder der Grillglut so lange backen, bis der Teig aufgeht und gar ist.

3 Die Teig-Hotdogs etwas abkühlen lassen, vom Stecken ziehen und das Innere der Würstchen mit getrockneten Zwiebelchen, Ketchup und Senf füllen. Reinbeißen und mmmmmh.

ZUTATEN

FÜR 4 HOT-DOG-STÖCKE
400 g Weizenmehl
100 g Maismehl
1 EL Olivenöl
1 Würfel Hefe
1 TL Zucker
1 TL Salz
4 Riesen-Bockwürste
4 EL getrocknete Zwiebeln
Ketchup und Senf
(nach Belieben)

⏱ **30 Min. + 30 Min. Gehzeit**

🧤 **Zubehör:**
**4 Stöcke mit ca. 1 cm
Durchmesser**

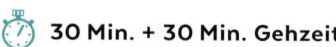

echt cool

MACH MIT ↑

+ TIPP

ERSETZEN SIE DIE BOCK-
WÜRSTE DURCH ROSTBRAT-
WÜRSTE ODER FÜR VEGETA-
RIER DURCH GRILLKÄSE!

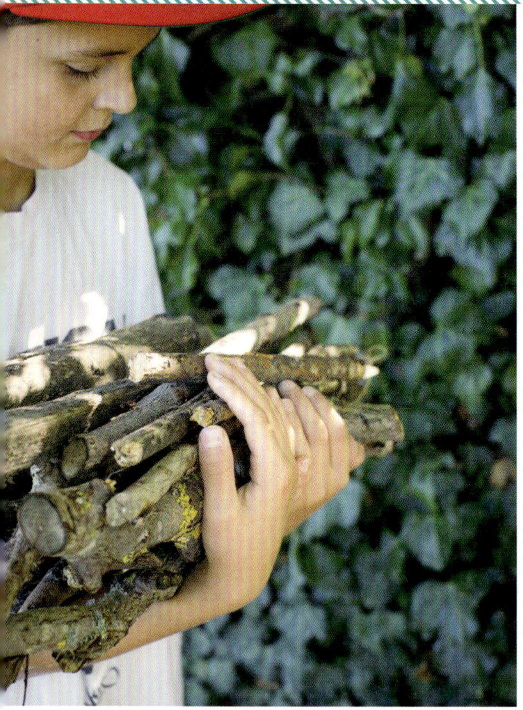
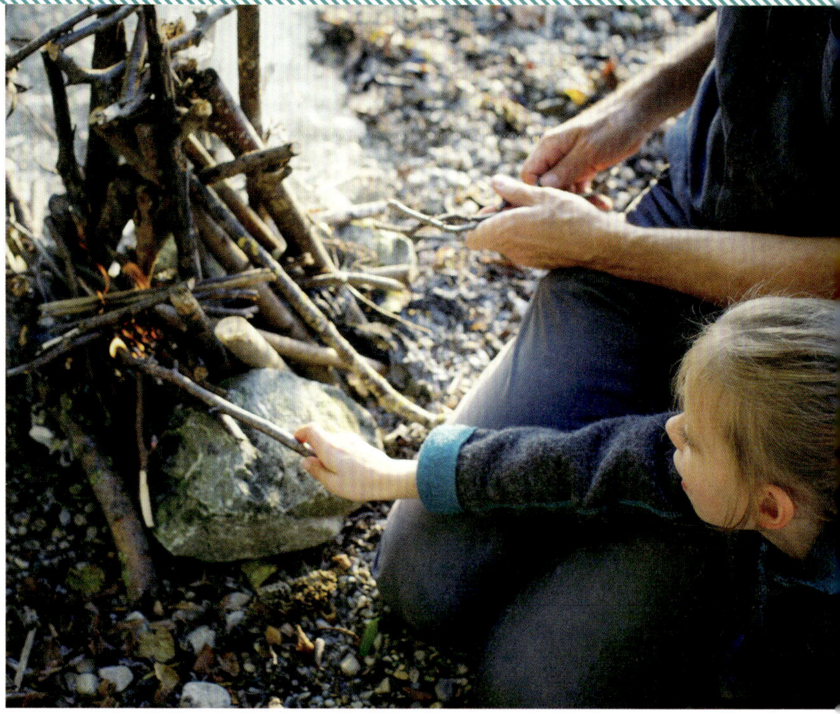
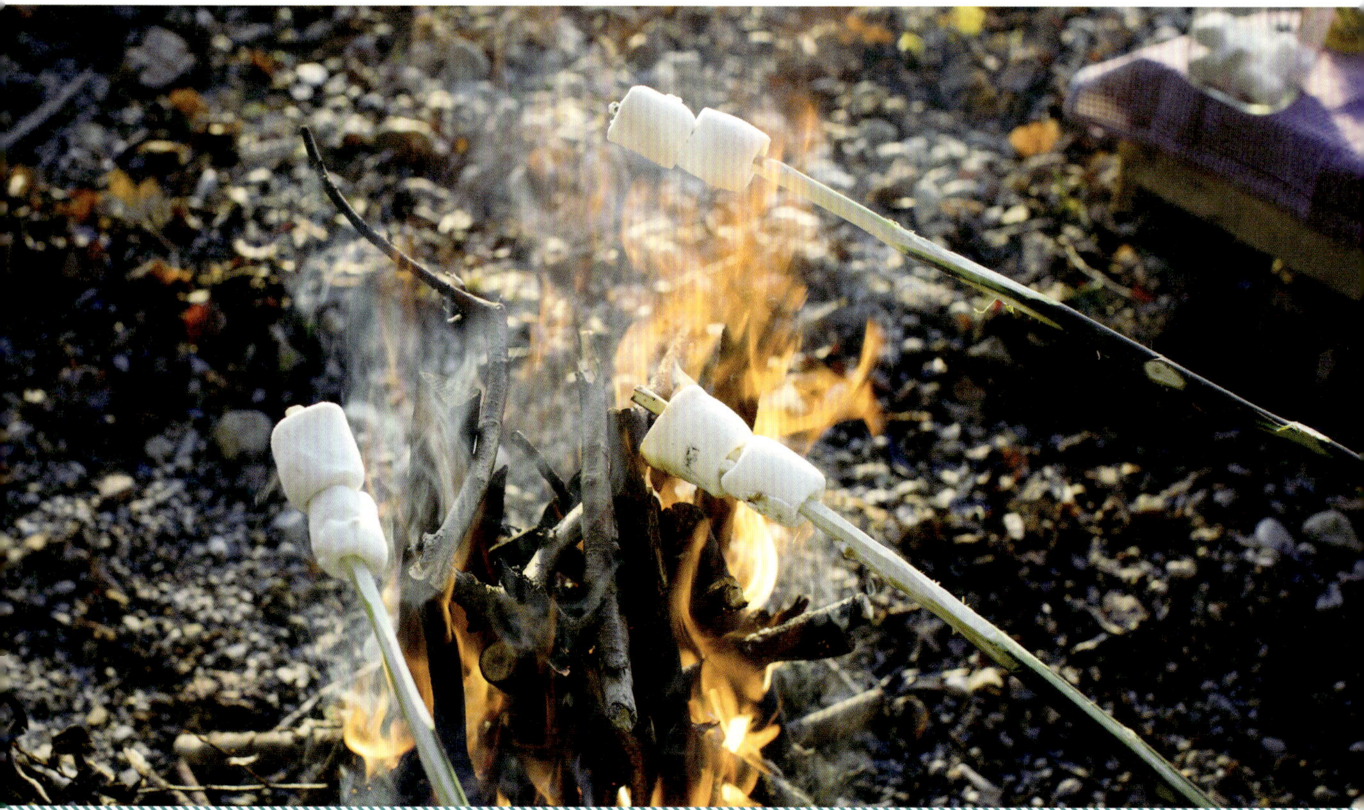

LAGERFEUER-ROMANTIK FÜR ALLE

So romantisch, so aufregend, so warm und leider auch ein bisschen gefährlich: Beim Lagerfeuerbauen bitte unbedingt ein paar wichtige Regeln beachten, damit es auch für alle ein Spaß bleibt. Lassen Sie die Kleinen in Gruppen ausschwärmen, um Holz und Steine zu suchen. Die Grenze vorher gemeinsam abschreiten, damit bei der Suche auch keiner verloren geht.

+ LAGERFEUER – SO GEHT'S

1 Erkundigen Sie sich, ob an der gewünschten Stelle Feuermachen erlaubt ist. Ist die Umgebung zu trocken, kann das schnell einen Brand auslösen.

2 Suchen Sie eine nicht brennbare Fläche (am besten Sand oder Erde – im Zweifelsfall heben Sie vorsichtig ein Stück Gras aus, das später wieder eingesetzt werden kann).

3 Suchen Sie viele große Steine (ein Riesenspaß für Kinder), und legen Sie diese wie einen Ring um die Feuerstelle.

4 Als Fundament für das Feuer dienen viele kleine, dünne Äste. Diese legen Sie in die Mitte des Rings.

5 Auf die Äste kommt der sogenannte „Zunder" aus trockenem Laub, Birkenrinde oder Baumschwämmen.

6 Aus dünnen Ästen und kleinen Holzstücken errichten Sie eine Pyramide über dem Zunder. An einer Seite lassen Sie ein Loch frei, um das Fundament anzuzünden.

7 Sobald das Feuer lodert, kommen dickere Äste dazu. Das machen aber bitte die Erwachsenen.

8 Feuer benötigt Luft zum Brennen. Legen Sie deshalb alles schön locker an, damit von allen Seiten Luft rankommt.

9 Stellen Sie zum Löschen einen Eimer voll Wasser oder eine alte Decke neben dem Feuer bereit.

PERFEKT UMWICKELT – DIE BESTEN ÄSTE FÜRS STOCKBROT:

Haselnuss-, Buchen- und Weidenäste eignen sich am besten für Stockbrot. Bambus und Fichte sind nicht geeignet, da sie zu schnell brennen. Giftig dürfen Äste fürs Stockbrot natürlich nicht sein, deshalb Finger weg von Eibe und Holunder!

KLEINE KRÄUTERKUNDE:

Ob Brunnenkresse, Gänseblümchen, Sauerampfer oder Wiesenthymian, duftende Wildkräuter findet man in Hülle und Fülle. Nehmen Sie ein Bestimmungsbuch mit, um nur essbare Kräuter zu sammeln. Ein bisschen (wilder) Thymian im Stockbrotteig schmeckt köstlich!

+ MMMH ...

HIERMIT WERDEN SOGAR DIE
KLEINSTEN ZU DEN GRÖSSTEN
FISCHLIEBHABERN.

GANZ EASY

ROTBARBEN VOM GRILL

Fisch ist gegrillt unser Favorit: Außen knusprig, innen saftig, so mögen ihn auch die Kinder.

1 Die Fische waschen und mit Küchenpapier trocken tupfen. Zitrone waschen und in Scheiben schneiden. Knoblauch schälen und in feine Scheiben schneiden. Die Oliven ebenfalls in Scheiben schneiden.

2 Die Fische mit Zitrone, Knoblauch und Oliven füllen. Mit Olivenöl einpinseln und mit Salz und Pfeffer würzen. Je 2 Rotbarben in die Grillform legen, zuklappen und über dem Lagerfeuer etwa 20 Minuten grillen, dabei immer wieder wenden. Auf dem Grill benötigen die Rotbarben nur 15 Minuten.

Tipp:

Dazu schmeckt frisches Baguette mit Tomaten belegt – und den Fisch legen Sie einfach oben drauf.

ZUTATEN

FÜR 4 GRILLER
4 kleine Rotbarben (küchenfertig)
1 Bio-Zitrone
4 Knoblauchzehen
2 EL schwarze Oliven (ohne Stein)
2 EL Olivenöl
Salz · Pfeffer aus der Mühle

 30 Min.

 Zubehör:
2 Fischgrillformen

SÜSSKARTOFFEL-TOASTIES MIT ZIEGENKÄSE

So einfach, so lecker, so gesund und so was von schnell gemacht - einfach perfekt für Veggie-Griller! Im warmen Süden wachsen Rosmarin und Thymian fast wie Unkraut auf Wiesen und Feldern. Pflücken Sie sich auch für dieses Rezept einen kleinen Vorrat ab.

1 Die Süßkartoffel schälen und in 4 etwa 2 cm dicke Scheiben schneiden. Mit Olivenöl von beiden Seiten einpinseln. Die Knoblauchknolle im Ganzen in die Glut vom Grill werfen. Mit Kohle zudecken.

2 Die Süßkartoffelscheiben am Rand des Grills auf beiden Seiten jeweils 5 Minuten grillen. Zum Schluss den Ziegenkäse in Stücken auf den Süßkartoffeln verteilen. Die Kräuter (bis auf die Zitronenmelisse) kurz über dem Grill rösten.

3 Die Tomaten waschen und in Scheiben schneiden. Die Süßkartoffelscheiben vom Grill holen. Die Knoblauchknolle aus der Glut nehmen und etwas abkühlen lassen. Die Zehen aus der Schale drücken und mit den Tomaten auf den Ziegenkäse legen. Zum Schluss die gegrillten Kräuter über die Tomaten legen und mit Salz und Pfeffer würzen.

ZUTATEN

FÜR 4 GRILLER
1 große Süßkartoffel (ca. 350 g)
1 EL Olivenöl
1 ganze Knoblauchknolle
100 g Ziegenfrischkäse
4 Zweige Thymian, Zitronen-melisse oder Rosmarin
2 Eiertomaten (ca. 150 g)
Salz · Pfeffer aus der Mühle

 25 Min.

GANZ FIX

+ TOASTEN

WENN'S ZU HAUSE MAL
SCHNELL GEHEN SOLL,
STECKEN SIE DIE SÜSS-
KARTOFFEL EINFACH IN
DEN TOASTER!

CHEESEBURGER

1 Backofen auf 180 °C vorheizen. Beide Mehlsorten mischen. Hefe in etwa 300 ml lauwarmem Wasser auflösen. Salz, Zucker und Öl untermischen und gut verrühren. Hefewasser mit dem Mehl gut verkneten und zugedeckt an einem warmen Ort 45 Minuten gehen lassen.

2 Aus dem Teig mit einem Esslöffel 12 Kleckse auf ein Backblech setzen und im Ofen 20 Minuten zu knusprigen Brötchen backen.

3 Den Grill anheizen. Die Zwiebel schälen und auf der Gemüsereibe fein reiben. Das Hackfleisch mit Käse, Zwiebel, Semmelbröseln und Tomatenmark verkneten. 12 kleine Patties formen und seitlich am Grill rundum bis zur gewünschten Bräunung grillen.

4 Die Brötchen aufschneiden und mit Patties und nach Belieben mit Salat, Tomaten- und Gurkenscheiben belegen.

ZUTATEN

FÜR 12 STÜCK
300 g Weizenmehl
100 g Roggenmehl
½ Würfel Hefe
1 TL Salz
1 TL Zucker
1 EL Rapsöl
1 rote Zwiebel
300 g gemischtes Hackfleisch
200 g geriebener Gouda
50 g Semmelbrösel
5 EL Tomatenmark
Salz • Pfeffer aus der Mühle

AUSSERDEM NACH BELIEBEN:
Salatblätter
Tomaten
Salatgurke

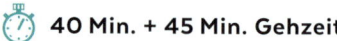 40 Min. + 45 Min. Gehzeit

QUESADILLAS MIT AVOCADO UND APRIKOSE

1 Tomaten mit Tomatenmark mischen und mit Zucker, Salz und Pfeffer würzen. Avocados schälen, Steine entfernen und das Fruchtfleisch zerdrücken. Die Aprikosen waschen, entkernen und klein würfeln.

2 Einen Tortillafladen in einer beschichteten Pfanne in wenig Olivenöl erwärmen. Ein Viertel der Tomatencreme aufstreichen. Mit etwas Avocado, Aprikosenwürfeln, Speck und Mozzarella belegen. Einen weiteren Tortillafladen darauflegen und an den Seiten fest andrücken. Die Quesadilla vorsichtig wenden und von der anderen Seite kurz anbraten. Mit den restlichen Zutaten genauso weitermachen.

3 Die gefüllten Fladen aus der Pfanne nehmen und abkühlen lassen. Jeden Fladen mit einem scharfen Messer in 4 Stücke schneiden und warm oder kalt genießen.

ZUTATEN

FÜR 16 STÜCK
200 g passierte Tomaten
6 EL Tomatenmark
1 TL Zucker
Salz · Pfeffer aus der Mühle
2 reife Avocados
6 reife Aprikosen
8 Weizentortillas
2 EL Olivenöl
100 g fein gewürfelter Speck
200 g geriebener Mozzarella

 20 Min.

 GANZ FIX

MARSHMALLOW-KEKSE MIT SÜSSEN FRÜCHTCHEN

Eines ist klar: Ein guter Grillmeister hält für seinen Nachwuchs immer Marshmallows am Spieß bereit. Und im Urlaub freuen sich zum Nachtisch auch die Großen über dieses süße Camperglück.

1 Die Marshmallows auf die Spieße stecken und am Lagerfeuer goldbraun rösten. In der Zwischenzeit die Banane schälen, die Beeren verlesen, waschen und trocken tupfen. Die Früchte mit einer Gabel zerdrücken.

2 Je 1 TL Fruchtmus auf 1 Keks klecksen, 1 gerösteten Marshmallow darauflegen und mit dem zweiten Keks zukleben. Schnell aufessen, so lange die Marshmallows noch warm sind und die Sauce nicht heraustropft.

ZUTATEN

FÜR 4 CAMPER
1 Tüte Marshmallows (300 g)
1 Banane
100 g Beeren der Saison
200 g Vollkornbutterkekse oder Cookies (je nach Vorliebe und Geschmack)

 Ganz schnell, nach Lust und Laune

 Zubehör: 4 dünne, vorne angespitzte Stöcke

> *TIPP:*
> *Grillen Sie Ananas-, Pfirsich- oder Aprikosenstücke, und tunken Sie die süßen, heißen Früchte in selbst gemachten Minzjogurt.*

+ AUFGEPASST

DIE MARSHMALLOWS DÜRFEN
NICHT VERKOHLEN – SCHMECKT
SCHEUSSLICH UND IST UNGE-
SUND. GOLDBRAUN IST PERFEKT!

KINDER-
LIEBLING

KAPITEL 4

CAMPING-KOCHER DE LUXE

Auch auf nur einer Kochplatte lässt sich mit ein wenig Geschick ein tolles Essen zaubern. Versprochen! Mit dem richtigen Werkzeug, praktischem Kochgeschirr, guter Vorbereitung und cleverem Kombinieren steht kulinarischen Höhepunkten unterm Sternenhimmel nichts im Weg. Es sei denn, die Sterne fehlen. Aber die leuchten schon für Sie — weiß ich!

ABENTEURERKÜCHE

+ FEURIG!

MÖGEN ES ALLE GERN SCHARF?
MIT 1 PRISE CHILIPULVER
WIRD'S ALL' ARRABBIATA!

ALL IN ONE

EASY-PEASY-CHEESY-NOODLES

Das Fleisch kurz anbraten, alle übrigen Zutaten dazuwerfen, den Deckel auflegen – und fertig!

1 Das Hackfleisch in eine Schüssel füllen. Die Zwiebel schälen, auf der Gemüsereibe fein reiben und unter das Hackfleisch mischen. Mit Salz und Pfeffer würzen.

2 Das Olivenöl in einem Topf auf dem Campingkocher erhitzen. Aus dem Fleischteig kleine, etwa walnussgroße Bällchen formen und im Öl rundum anbraten. Tomaten und Brühe in den Topf geben und alles zum Kochen bringen. Die Nudeln dazugeben, mit Kräutern und Zucker würzen und im geschlossenen Topf etwa 15 Minuten garen.

3 Kurz vor dem Servieren den Käse über den Nudeltopf streuen und weitere 5 Minuten mit geschlossenem Deckel überbacken. Schmeckt am besten direkt aus dem Topf.

ZUTATEN

FÜR 4 HUNGRIGE CAMPER
400 g Rinderhackfleisch
1 rote Zwiebel
Salz · Pfeffer aus der Mühle
3 EL Olivenöl
800 g passierte Tomaten
¾ l Gemüsebrühe
400 g Orecchiette
1 EL italienische Kräuter
1 TL Zucker
100 g geriebener Cheddar

 30 Min.

CAMPER-FONDUE

1 Suppengrün putzen, waschen und in Stücke schneiden. Einen großen Topf Wasser auf dem Campingkocher aufkochen und das Suppengemüse darin 30 Minuten garen. Die Brühe salzen.

2 In der Zwischenzeit das Fleisch in etwa 1½ × 1½ cm große Stücke schneiden und auf Schüsselchen verteilen. Das Baguette in Scheiben schneiden.

3 Sobald die Brühe etwa 3 Minuten gut eingekocht ist und Geschmack angenommen hat, das Fleisch aufspießen und in der heißen Brühe garen. Die Knoblauchbutter auf das Baguette streichen und dazu genießen.

Cocktailsauce:

Leckere Saucen gibt's natürlich in großer Auswahl im Supermarkt, selbst gemacht schmeckt's dennoch besser: Für eine feine Cocktailsauce 200 g Naturjoghurt mit 4 EL Ketchup verrühren. Mit 1 EL Honig, Salz und Pfeffer aus der Mühle abschmecken. Für alle, die es scharf mögen: Ein paar Spritzer Tabasco machen die Sauce schön feurig. Wer mag es exotisch? Schnell 1 EL Currypulver unter den Joghurt rühren und ebenfalls mit Honig, Salz und Pfeffer abschmecken. Sie haben Kreuzkümmel im Gepäck? Prima! Eine gute Prise schmeckt in jeder Sauce toll.

Tipp:

Sie sind in Frankreich oder Italien unterwegs? Was für ein Glück! Kaufen Sie sich die köstlichsten Käsesorten, und lassen Sie den Käse in einem kleinen Topf auf dem Campingkocher unter ständigem Rühren schmelzen, damit nichts anbrennt. Kleine Brot- oder Baguettewürfel auf Gabeln spießen und ins Camping-Käse-Fondue tunken. Am besten alles bis auf den allerletzten Rest auskratzen, sonst macht der Abwasch keinen Spaß!

ZUTATEN

**FÜR 2 ERWACHSENE
UND 2 KINDER**
1 Bund Suppengrün
Salz
200 g Schweinefilet
200 g Rinderfilet
200 g Hähnchenbrustfilet
100 g Knoblauchbutter
1 Baguette

 **10 Min.
+ 30 Min. Brühe kochen**

+ FEIN!
WIESO NICHT AUCH
MAL EIN FEST-
LICHES FONDUE AM
CAMPINGKOCHER
ZELEBRIEREN?

KOCHEN UNTERWEGS – SO GEHT'S:

Ich gehe davon aus, dass Sie im Urlaub weder Waage noch Messbecher mit im Gepäck haben. Muss auch nicht sein. Zum Glück steht bei abgepackten Lebensmitteln die Grammangabe auf der Verpackung. So kann man gut einschätzen, wie viel man für die Rezepte benötigt. Merken können Sie sich auch folgende kleine Hilfen.

+ 1 EL entspricht etwa 10 g, 1 TL entspricht etwa 5 g, in eine normal große Kaffeetasse passen 150 ml.

+ Eine 500-g-Nudelpackung ist perfekt für 2 Erwachsene und 2 Kinder.

+ 2 Tassen Reis sind perfekt für 2 Erwachsene und 2 Kinder.

+ Couscous, Bulgur und Co. einfach mit der doppelten Menge Wasser quellen lassen. Frisch gesammelte Wildkräuter, klein geschnittenes Gemüse oder Früchte untermischen, süß oder pikant abschmecken.

AM CAMPINGKOCHER

Besonders praktisch kochen Sie mit Dingen aus dem Vorrat. Packen Sie hierfür Nudeln, Reis, passierte Tomaten, Gemüsebrühe, Kokosmilch und Gewürze ins Gepäck. Alles andere bekommen Sie meist überall vor Ort. Wenn Sie nur eine Campingkochstelle haben, ist das auch kein Problem: Immer eine warme Komponente (Nudeln, Curry, Eintopf, Omelett, gebratenes Gemüse, Steaks, Fisch) auf dem Kocher zubereiten und mit einer Beilage, die ohne Kochplatte auskommt, kombinieren – ein Salat mit Oliven, geraspelte Möhren mit Apfel, gebratenes Gemüse vom Vortag oder Aioli zu Brot und gebratenen Scampi. In Öl geröstetes Brot aus der Pfanne schmeckt übrigens super mit frischem Gemüse, probieren Sie es aus!

JEDER, WIE ER MAG

Verändern Sie die hier angegebenen Mengen nach Belieben. Unterwegs zu kochen erfordert ein bisschen Flexibilität. Es ist super, dieses Kochbuch dabeizuhaben, um nicht jeden Tag Nudeln mit Butter und Ketchup zu servieren, aber bei manchen Zutaten müssen Sie eventuell tricksen. Im Urlaubsland sind bestimmte Zutaten oft nicht zu bekommen. Nehmen Sie einfach reichlich von dem, was es zu kaufen gibt, und mogeln Sie diese Zutaten unter meine Rezepte.

CAMPING-KOCH-AUSRÜSTUNG:

Das sollten Sie unbedingt dabeihaben, am besten in einer tragbaren Box verpackt (die ist auch praktisch für den Abwasch später):

+ 1 Campingkocher
+ 1 kleiner Topf
+ 1 großer Topf
+ 1 Bratpfanne
+ Sieb
+ Besteck
+ Kochlöffel und Pfannenwender
+ 1 scharfes Messer
+ 1 kleine Schere
+ 1 Sparschäler
+ 1 Dosenöffner
+ Geschirrtücher

PITABROT MIT AVOCADO UND SCHINKEN

1 Die Pitabrote quer halbieren. In eine Pfanne auf den Camping-kocher legen und rundum anrösten.

2 Die Avocado halbieren, den Stein entfernen und das Frucht-fleisch aus der Schale lösen. Das Fruchtfleisch mit einer Gabel zerdrücken und in die Brote füllen. Schinken aufrollen und je 2 Röllchen in ein Brot legen.

3 Die Salatblätter waschen und trocken tupfen. Die Brote mit Salat füllen und mit den getrockneten Zwiebeln garnieren.

Quietschebrote:

1 Packung Halloumi-Käse quer in 4 dünne Scheiben schneiden, 1 große Tomate waschen und ebenfalls in Scheiben schneiden. Alles auf dem Grill von beiden Seiten kurz grillen. Mit Salz und Pfeffer würzen und die Pitabrote damit füllen. Wer mag, steckt noch ein paar Salatblätter in die Brote – schmeckt schön frisch.

ZUTATEN

FÜR 2 CAMPER
2 Pitabrote zum Füllen
1 reife Avocado
8 Scheiben Puten- oder Serranoschinken
4 Blätter Endiviensalat
4 EL getrocknete Zwiebeln

 10 Min.

GANZ FIX

+ TIPP

DA KANN ALLES REIN, WAS IM CAMPING-KÜHLSCHRANK DRIN IST!

KAPITEL 5

SÜSS
GEMACHT

Natürlich wäre es ein Abenteuer, es mal ohne Süßkram
zu versuchen. Aber keines, an das man gern zurückdenkt!
Weil Süßes das Leben einfach schöner macht, gibt's
jetzt hier den Zuckerschock! Im Sommer schmeckt es eisge-
kühlt am besten, dann freuen sich Klein und Groß über
eine süße Köstlichkeit nach dem Gelage! Toller
Nebeneffekt: In einer Kühltruhe gut verpackt, wird diese
ganz schnell zur Schatztruhe.

ABENTEURERKÜCHE

GRIESSBLÜTEN

Sommerlich hübsche Hingucker fürs Picknick, die Gartengeburtstagsfeier oder auch als Nachtisch bei der Grillparty.

1 Muffinblech mit Butter einfetten. Milch mit 1 Prise Salz aufkochen. Weizengrieß einrühren und 5 Minuten quellen lassen.

2 2 TL Puddingpulver, Zimt und 2 EL Agavensirup mischen und unterrühren. In jede gefettete Mulde des Muffinblechs jeweils 1 TL Gries füllen.

3 Backofen auf 175°C Umluft vorheizen. Speisequark mit Eiern, Vanillezucker, Zitronenschale und -saft sowie dem restlichen Puddingpulver und 1 Prise Salz verrühren. Sauerkirschen in ein Sieb abgießen. Die Kirschen auf dem Grieß verteilen. Mit der Quarkmasse bis zum Rand auffüllen.

4 Die Mandelblättchen über die Creme streuen und die Blüten im Ofen auf der mittleren Schiene etwa 25 Minuten backen.

ZUTATEN

FÜR 12 STÜCK
2 EL weiche Butter
200 ml Milch
Salz
2 gehäufte EL Vollkornweizengrieß
4 TL Vanillepuddingpulver
1 TL Zimtpulver
6 EL Agavensirup
200 g Speisequark
2 Eier
1 TL Vanillezucker
Saft und Schale von ½ Bio-Zitrone
½ Glas Sauerkirschen (ca. 150 g)

 45 Min.

 Zubehör:
1 Muffinblech mit 12 Mulden

super süß

+ TIPP

WER'S SCHOKOLADIG MAG,
NIMMT 4 EL KAKAOPULVER
STATT VANILLEPUDDING-
PULVER.

FRUCHTIGE LIEBLINGS-CRUMBLE

Gott, wir lieben Crumble in allen Variationen. Schmeckt warm, schmeckt kalt, schmeckt zu jeder Jahreszeit.

1 Backofen auf 180 °C Umluft vorheizen. Das Lieblingsobst waschen, bei Bedarf entkernen, schälen und sehr klein würfeln.

2 Aus Mehl, Zucker, zerlassener Butter und Haferflocken mit den Händen Streusel kneten. Das Obst in die Marmeladengläser füllen und mit Streuseln dick bestreuen. Die Crumble im Ofen auf der mittleren Schiene etwa 15 Minuten goldbraun backen. Mit langen Stiellöffeln warm oder kalt genießen.

Tipp:

Das klappt auch prima über dem Campingkocher: Die Streusel in einer Pfanne von allen Seiten krümelig und goldbraun anbraten. Herausnehmen und beiseitestellen. Lieblings-Sommerfrüchte waschen, klein schneiden und in 2 EL Butter in der Pfanne weich garen. Früchte in Schüsseln abfüllen und mit knusprigen Streuseln bestreuen.

ZUTATEN

FÜR 12 MINI-CRUMBLE ZUM LÖFFELN
400 g Lieblingsobst (z.B. Äpfel, Birnen, Aprikosen, Beeren, Kirschen oder Pflaumen — Zitrusfrüchte eignen sich nicht)
200 g Mehl
150 g Zucker
150 g zerlassene Butter
80 g Haferflocken

 30 Min.

 Zubehör: 12 kleine Marmeladengläschen

ganz easy

SCHOKOTALER

Perfekte Energiespender für eine ausgedehnte Schatzsuche!

1 Backofen auf 180 °C Umluft vorheizen. Die Schokolade mit der Butter in eine Metallschüssel geben und über dem heißen Wasserbad langsam schmelzen.

2 In der Zwischenzeit den Zucker mit den Eiern schaumig schlagen. Mehl mit Nüssen und Backpulver mischen und mit der Zucker-Ei-Mischung verrühren. Geschmolzene Schokolade vorsichtig unterheben.

3 Ein Backblech mit Backpapier belegen. Mit einem Teelöffel in gutem Abstand 24 Kleckse auf ein Backblech setzen und im Ofen auf der mittleren Schiene etwa 12 Minuten backen.

ZUTATEN

FÜR 24 STÜCK
300 g Schokolade (nach Belieben Zartbitter oder Vollmilch)
80 g Butter
100 g brauner Zucker
2 Eier
300 g Dinkelweizenmehl
100 g gemahlene Nüsse
(Haselnüsse oder Mandeln)
1 gestr. TL Backpulver

 45 Min.

SCHOOOOKOLADIGE LIEBLINGSKUGELN

Im Sommer lieber im Kühlschrank oder Tiefkühlfach kühl stellen, sonst „kullern" sie davon …

1 Die Haselnüsse in einer Pfanne ohne Fett anrösten, bis sie duften. Die Nüsse noch warm im Mixer sehr fein pürieren.

2 Die Datteln in wenig Wasser einweichen. Ausdrücken und unter das Haselnussmus mischen. Die Haferflocken, das Kakaopulver und das Vanillemark dazugeben und alles noch mal gut mixen. Die Masse kosten. Wer es weniger herb mag, gibt noch 2 EL Mandelmus dazu.

3 Nach Belieben zusätzlich 2 EL Kakaonibs, 2 EL gerösteten Sesam oder 2 EL Kokosraspel unter den Teig kneten. Dann etwa 20 walnussgroße Kugeln daraus formen und in den Kühlschrank oder das Tiefkühlfach stellen. Zum Transport in die Kühlbox stecken und beim Sommerpicknick als Dessert servieren.

ZUTATEN

FÜR CA. 20 STÜCK
120 g Haselnusskerne
80 g getrocknete Datteln
5 EL Haferflocken
20 g Kakaopulver
Mark von 1 Vanilleschote
Mandelmus (nach Belieben)
Kakaonibs, geröstete Sesamsamen oder Kokosraspel (nach Belieben)

 15 Min.

MACH
MIT ↑

PANCAKE-TÖRTCHEN-SPIESSE

Sehen echt süß aus, die bunten Pfannkuchenspieße – damit sind Sie der Star auf jeder Garten-Kinderparty (schmecken natürlich auch drinnen)!

1 Weizen- mit Buchweizenmehl mischen. Backpulver und Vanillezucker untermischen. Die Eier trennen. Eiweiße mit 1 Prise Salz zu einem steifen Schnee schlagen. Eigelbe und Milch mit der Mehlmischung zu einem glatten Teig verrühren. Eischnee vorsichtig unterheben.

2 Den Teig auf drei Schüsselchen verteilen. Unter einen Teil das Kakaopulver mischen. Unter den zweiten den Rote-Bete-Saft. Den dritten Teig so belassen.

3 Die Banane schälen, klein würfeln und unter den nicht gefärbten Teig mischen. Die Erdbeeren waschen, putzen, klein schneiden und unter den roten Teig rühren. Schokotropfen unter den Kakaoteig ziehen.

4 Etwas Butter mit Öl in einer kleinen Pfanne erhitzen. Nach und nach aus den 3 Teigen kleine Pfannkuchen mit 5 cm Durchmesser backen, dabei einmal wenden. Sobald alle Pfannkuchen ausgebacken sind, von jeder Farbe immer 1 oder 2 Pfannkuchen abwechselnd zusammen auf einen Spieß stecken. Mit Puderzucker bestäuben.

ZUTATEN

FÜR 6–12 SPIESSE
150 g Weizenmehl
150 g Buchweizenmehl
1 TL Backpulver
1 Päckchen Vanillezucker
3 Eier
Salz
200 ml Milch
1 EL Kakaopulver
1 EL Rote-Bete-Saft
1 Banane
100 g Erdbeeren
3 EL Schokotropfen
2 EL Butter
4 EL Rapsöl
Puderzucker zum Bestäuben

 35 Min.

 Zubehör:
12 Zahnstocher oder hübsche Partypiekser mit Wimpelchen

+ TIPP

WENN DER EISMANN KOMMT: VANILLE-,
ERDBEER- UND SCHOKOEIS KAUFEN
UND ZU DEN MINI-PANCAKES ESSEN.

+ TIPP

FÜR UNTERWEGS DAS SAHNE-
TOPPING WEGLASSEN, DEN
PUDDING IN KLEINE MINI-
TUPPER ABFÜLLEN UND KÜHL
TRANSPORTIEREN.

WACKELPUDDING SELFMADE

Den lieben Kinder wie verrückt: Kommt er auf den Tisch, wird schneller gelöffelt, als man gucken kann.

1 Den Hagebuttentee in 900 ml kochendem Wasser 10 Minuten ziehen lassen. Inzwischen die Gelatine 5 Minuten in kaltem Wasser einweichen.

2 Nach 10 Minuten Zitronen- und Orangensaft, Apfelsüße und Zucker zum Tee geben. Die Gelatine leicht ausdrücken und unter den Tee rühren. Alles weitere 30 Minuten ziehen lassen. Den Wackelpudding in Gläser füllen, abkühlen lassen und in den Kühlschrank stellen.

3 Kurz vor dem Servieren die Sahne mit Vanillezucker steif schlagen. Den Wackelpudding mit geschlagener Sahne und bunten Zuckerstreuseln verzieren.

ZUTATEN

FÜR 10 GLÄSER (À 100 ML)
3 Beutel Hagebuttentee
4 Blätter Gelatine
3 EL Zitronensaft
6 EL frisch gepresster Orangensaft
6 EL Apfelsüße
4 EL Zucker
200 g Schlagsahne
1 Päckchen Vanillezucker
Mini-Zuckerstreusel

 50 Min.

ich ♡ es

KUNTERBUNTE CANDY-SPIESSE

Sind Kinder mit dabei, servieren Sie bunte Knabberspieße aus großen Marshmallows, Schaumgummi-Obst und Gummibärchen. Da gibt es Erdbeer-, Bananen- und Orangengeschmack - fast schon wieder gesund, wenn's nicht so süüüüß wäre ;-)

1 Abwechselnd auf jeden Spieß je 1 Marshmallow, 1 Gummibären, 1 Schaumgummi-Banane und -Erdbeere, 1 saures Pommes und 1 Cola-Fläschchen stecken. Am Ende sind je 6 Süßkram-Köstlichkeiten auf jedem Spieß.

Tipps:

Achtung: In der Sonne schmelzen die Gummibärchen leicht - deshalb unbedingt gekühlt transportieren.

Natürlich sind auch Fruchtspieße mit allem, was die Märkte in der Saison anbieten, eine tolle Alternative. Das Obst einfach waschen, gegebenenfalls schälen, in mundgerechte Stücke schneiden und aufspießen. Noch verlockender sind die Fruchtspieße in Schokolade getunkt: Ob auf dem Balkon oder vor dem Zelt - für ein Schokofondue ist auf der kleinsten Fläche Platz!

ZUTATEN

FÜR 24 SPIESSE
24 Riesen-Marshmallows
24 Riesen-Gummibären
24 Schaumgummi-Bananen
24 Schaumgummi-Erdbeeren
24 saure Pommes
24 Cola-Fläschchen

 Lassen Sie die Kinder aufstecken — das dauert für Sie 0 Minuten.

 Zubehör:
25 Holzspieße

MACH MIT ↑

PICKNICK-CAKEPOPS

Gestern war Omis Achzigster, und auf dem Kuchenbuffet wurden die trockenen Rührkuchen links liegen gelassen? Macht nichts! Stecken Sie die Reste ein, und erfreuen Sie Ihre Familie am nächsten Tag mit leckeren selbst gerollten Cakepops.

1 Den Kuchen sehr fein zerbröseln. Wer eine hat, macht das mit der Küchenmaschine. Die Sahne erhitzen. Schokolade in kleine Stücke hacken und in eine Schüssel füllen. Die heiße Sahne über die Schokolade gießen und etwas stehen lassen.

2 Vanilleextrakt unter den Kuchen mischen, die Kirschen klein hacken und ebenfalls untermengen.

3 Die Sahne mit der Schokolade vorsichtig verrühren. Die fertige Ganache (so nennt man das Sahne-Schoko-Gemisch) unter den Kuchen mischen und gut verkneten. Mit den Händen 24 feste Kugeln formen und über Nacht in den Kühlschrank stellen. Vor dem Servieren auf Lolli-Spieße stecken.

Tipp:

Auf dem Buffet sieht es hübsch aus, wenn die Cakepops aufrecht in einem Becher angeboten werden. Für mehr Halt den Becher zuvor bis zur Hälfte mit Zucker füllen.

ZUTATEN

FÜR 24 STÜCK
400 g Kuchenreste
(Rührkuchen jeglicher Art)
200 g Sahne
200 g Zartbitterschokolade
1 TL Vanilleextrakt
100 g Sauerkirschen aus dem
Glas (ohne Stein)

 30 Min. und
über Nacht kühl stellen

KAPITEL 6

DAZU-
GEREICHT &
ANGESTOSSEN

So ganz ohne drauf und drunter, drin und drum und durcheinander geht's nicht. Hier kommen noch ein paar Ideen für eben-
diese feinen, kleinen besonderen Extras! Der Großteil ist schnell
gemacht und gerade deshalb super lecker. Oft sind es die
einfachen Dinge, die mich am meisten überzeugen.

ABENTEURERKÜCHE

LIEBLINGS-KÄSE

OB HART- ODER WEICH-KÄSE: VON ALLEM MUSS WAS AUFS BRETTCHEN.

+ TIPP

SCHNIPPELN SIE OBST UND GEMÜSE-STICKS DAZU, UND SCHON LEGEN DIE KINDER MIT DEM KNABBERN LOS.

OBST

OLIVEN-
TAPENADE

APRIKOSEN-
SENF-SAUCE

PASST BESONDERS GUT ZU
WÜRZIGEM BERGKÄSE.

SAUERSCHARFES
APFEL-CHUTNEY

DER APFEL HAT BISS — TOLLE ERGÄN-
ZUNG ZU BRIE ODER CAMEMBERT.

WILDES BROTZEITBRETT

ZUTATEN

FÜR 6 PERSONEN
2 Birnen
5 verschiedene Lieblingskäse
(Hart- und Weichkäse
gemischt; ca. 800 g)
grüne und blaue Trauben
100 g getrocknete
Tomaten in Öl
Weißbrot

1   Birnen waschen, halbieren und entkernen. Das Fruchtfleisch in feine Scheiben schneiden. Käse in Stücke brechen und „wild" auf einem großen Brotzeitbrett verteilen. Trauben und getrocknete Tomaten sowie Birnenscheiben darum herumlegen. Apfel-Chutney, Oliventapenade und Aprikosen-Senf-Sauce auf kleine Schüsselchen verteilen und auf das Brett stellen.

2   Das Brett auf einer schönen Picknickdecke mit gebrochenem Brot und kühlem Wein für die Erwachsenen servieren und glückliche Gesichter ernten.

 15 Min.

OLIVENTAPENADE

ZUTATEN

FÜR 6 PERSONEN
200 g schwarze oder grüne
Oliven (ohne Stein)
2 Knoblauchzehen
50 ml Olivenöl
Salz · Pfeffer aus der Mühle

1   Die schwarzen oder grünen Oliven in einen hohen Rührbecher füllen. Den Knoblauch schälen und dazugeben.

2   Alles mit dem Olivenöl mit dem Pürierstab mixen und nochmal mit Salz und Pfeffer würzen.

 5 Min.

APFEL-CHUTNEY

1 Die Äpfel waschen, vierteln und entkernen. Das Fruchtfleisch klein würfeln. Zwiebel schälen und ebenfalls würfeln. Knoblauch schälen und fein hacken. Die Chilischote waschen, halbieren und entkernen. Die Schote in sehr feine Ringe schneiden.

2 Das Öl in einem kleinen Topf erhitzen. Zwiebel und Knoblauch darin etwa 2 Minuten andünsten. Chiliringe und Apfelstücke dazugeben und einkochen lassen. Mit Essig ablöschen, den Zucker unterrühren.

3 Mit Thymian, Salz und Pfeffer würzen. Chutney nach Belieben durchmixen oder stückig lassen.

ZUTATEN

FÜR 6 PERSONEN
400 g Äpfel
1 rote Zwiebel
2 Knoblauchzehen
1 kleine rote Chilischote
1 EL Rapsöl
50 ml Weinessig
5 EL Zucker
1 TL Zitronenthymianblätter
Salz · Pfeffer aus der Mühle

 15 Min.

APRIKOSEN-SENF-SAUCE

1 Die Aprikosen waschen, entkernen und das Fruchtfleisch klein schneiden.

2 Die Senfkörner in einer Pfanne ohne Öl rösten. Aprikosen, Zucker und Essig dazugeben und etwa 10 Minuten weich garen. Mit Salz und Pfeffer würzen. Die Sauce im Mixer oder mit dem Pürierstab fein pürieren.

ZUTATEN

FÜR 6 PERSONEN
400 g Aprikosen
1 EL Senfkörner
5 EL Gelierzucker
4 EL Weißweinessig
Salz · weißer Pfeffer aus der Mühle

 15 Min.

GUTER, BESSERER, BESTER AUFSTRICH

Ich bin immer glücklich, wenn ich irgendwo einen leckeren Aufstrich als Snack serviert bekomme. Aufstriche hauen mich manchmal richtig um, so besonders finde ich sie. Ich hoffe, diese sind auf frischem Brot auch für Sie richtige Knaller.

Ziegenkäse-Orangen-Creme:

Ziegenfrischkäse und Ziegenkäserolle mit einer Gabel zerdrücken und miteinander mischen. Orangensaft unterrühren. Möhre schälen und fein reiben.

Die Möhrenraspel in Öl etwa 3 Minuten anbraten. Die Orange schälen und filetieren. Orangenfilets klein schneiden und unter die geraspelte Möhre mischen. Mit Salz und Pfeffer würzen.

Thunfischcreme:

Schalotte schälen und sehr fein würfeln. Thunfisch abgießen und mit einer Gabel in einer Schüssel zerdrücken. Mit Zwiebelchen, Frischkäse und Zitronenschale mischen.

Wer keine Stückchen in der Creme mag, mit dem Pürierstab fein pürieren. Creme mit Salz und Pfeffer abschmecken und mit ein paar Kapern garnieren.

Lauchcreme:

Lauch putzen, waschen und in feine Ringe schneiden. Lauch in Öl anbraten und etwa 25 Minuten weich garen. Mit Worcestershiresauce pikant abschmecken. Mit Sauerrahm und Zucker mischen und mit Pfeffer würzen. Entweder so belassen oder mit dem Pürierstab cremig pürieren. Schmeckt fast noch besser!

ZUTATEN

FÜR JE 8 BROTE

ZIEGENKÄSE-ORANGEN-CREME:
150 g Ziegenfrischkäse
150 g Ziegenkäserolle
2 EL Orangensaft
½ Möhre
1 TL Rapsöl
1 Orange
Salz · Pfeffer aus der Mühle

THUNFISCHCREME:
1 Schalotte
200 g Thunfisch aus der Dose (im eigenen Saft)
175 g Doppelrahm-Frischkäse
1 TL abgeriebene Schale von 1 Bio-Zitrone
Salz · Pfeffer aus der Mühle
2 EL Kapern (nach Belieben)

LAUCHCREME:
400 g Lauch
2 EL Rapsöl
2–4 EL Worcestershiresauce (ersatzweise Sojasauce)
100 g Sauerrahm
1 TL Zucker
Pfeffer aus der Mühle

 1 Std.

SUPER IDEEN FÜR KNABBEREIEN & GETRÄNKE

Das gibt's zwar überall zu kaufen, aber wir machen diese feinen Knabbereien in wenigen Minuten einfach selbst. Lassen Sie Ihre Kinder mithelfen, selbst würzen, abpacken und einfüllen. Gut eignen sich hierfür leere Marmeladengläser. Wenn Sie noch ein bisschen Zeit haben, bekleben Sie diese mit bunten Stickern und schreiben den Inhalt aufs Etikett. Das ist dann übrigens auch ein schönes Mitbringsel für die nächste Einladung.

APFELCHIPS – GESUND UND LECKER

4 Äpfel waschen, abtrocknen und in dünne Scheiben schneiden. Die Äpfel auf Backpapier legen und im Backofen bei 80 °C etwa 4 Stunden trocknen lassen. Einen Holzlöffel in die Ofentür klemmen, damit die gesamte Feuchtigkeit aus dem Ofen entweichen kann. Aufknabbern.

SÜSS-SALZIGES POPCORN

100 g Popcorn nach Packungsanleitung zubereiten. Popcorn im Topf noch heiß mit 2 EL braunem Zucker und ½ EL grobem Meersalz mischen.

SCHOKO-SALZ-STANGEN

1 Packung Salzstangen bis zur Hälfte in geschmolzene Schokolade tunken und erkalten lassen. Kühl transportieren!

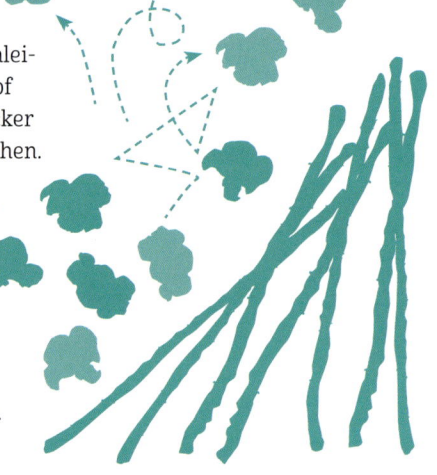

SELBST GEMACHTES GRANOLA

Haferflocken, Kokoschips, Nüsse, Saaten, Kakaopulver und Honig grob mischen und bei 180 °C im Backofen 40 Minuten backen. In verschließbare Gläser füllen.

SÜSSE NÜSSE

500 g Lieblingsnüsse mit 70 g Akazienhonig und 1 TL Zimtpulver mischen und im Backofen bei 180 °C etwa 15 Minuten rösten.

SCHARFE CASHEWS

500 g Cashewkerne mit 70 g Honig und 1 gehackten Chilischote mischen und im Ofen (s.o.) rösten – hot hot.

+ BE MY LEMONADE

Prickelnde Drinks unter freiem Himmel! Ich liebe es! Da fühl ich mich fast wieder wie mit 16. Selbst gemacht, ohne viel Zucker schmecken Limonaden literweise gut. Für die Erwachsenen kann auch ein bisschen was vom Lieblingsschuss mit rein – aber es schmeckt auch ohne Promillchen ganz besonders!

KRONKORKEN ÖFFNEN OHNE FLASCHENÖFFNER: SO GEHT'S

Ich musste 41 werden, um es zu lernen, aber jetzt weiß ich, wie's geht. Und das hat mich mit kindlichem Stolz erfüllt, wie echt schon lange nichts mehr.

+ Suchen Sie sich einen stabilen Gegenstand, den Sie als Hebel einsetzen können. Feuerzeug, Schraubenzieher, das obere Ende eines Schlüssels oder die flache Seite eines Messers.

+ Umklammern Sie mit der linken Hand den Flaschenhals, sodass zwischen Kronkorken und Zeigefinger eine kleine Lücke bleibt. Genau dort, mit der rechten Hand den Hebel am Kronkorken ansetzen.

+ Drücken Sie den Hebel schnell und kraftvoll nach unten. Und jetzt üben, üben, üben, bis es zum ersten Mal ploppt. Ein super Gefühl!

GREEN

4 Bio-Limetten auspressen, etwas Schale abreiben und mit 1 l Mineralwasser und ½ l Tonicwater aufgießen. ¼ Bio-Salatgurke gründlich waschen und mit dem Sparschäler längs schälen. Die Schale mit in die Limonade geben. Zum Schluss 1 EL braunen Zucker unterrühren. Meine persönliche Lieblingslimonade.

YELLOW

1 l Orangensaft mit einem guten Schuss (etwa 150 ml) Grenadinesirup mischen und mit ½ l Mineralwasser aufgießen. Schmeckt genial.

ich ♡ es

ICE

150 ml Kokosmilch mit 150 ml Buttermilch und ½ l Ananassaft im Mixer aufmixen. Auf Eiswürfel aufgießen und eiskalt genießen.

PINK

1 l Rhabarbersaft mit ½ l Mineralwasser aufgießen. Zusätzlich 1 Schuss Zitronensaft und frische Minzblätter dazugeben, mit vielen Eiswürfeln servieren.

HOT-POTATOE-POT AUS DER THERMOSKANNE

Raus zum Drachensteigen! Du hast eiskalte Hände vom Drachenschnur-halten? Dann aber schnell die Thermoskanne holen und zwischendrin warme Suppe trinken!

1 Kartoffeln schälen und klein schneiden. Sellerie und Möhren putzen und klein schneiden. 600 ml Brühe in einem Topf auf-kochen und das Gemüse darin etwa 20 Minuten weich garen.

2 In der Zwischenzeit die Würstchen sehr klein würfeln. Die Sup-pe mit dem Pürierstab fein pürieren. Crème fraîche unterrühren und die Suppe mit Salz und Pfeffer abschmecken. Kurz vor dem Abfüllen in die Thermoskanne die Würstchenwürfel in die Suppe rühren. Perfekt zum Aus-der-Tasse-Trinken.

ZUTATEN

FÜR 1 LITER
500 g mehlig kochende
Kartoffeln
50 g Sellerie
100 g Möhre
2 EL gekörnte Gemüsebrühe
4 Wiener Würstchen
4 EL Crème fraîche
Salz · Pfeffer aus der Mühle

 25 Min.

HOT BOWLE

Wenn's draußen herbstelt, sind wir oft in den Bergen unterwegs. Wenn die Sonne hinter den Wolken verschwindet, freuen wir uns über ein warmes Getränk aus der Thermoskanne.

1 Die Orangen halbieren und auspressen. Den Saft mit dem Tee in einem Topf erhitzen. Ingwer schälen, erst in feine Scheiben, dann in dünne Streifen schneiden. Ingwer in die Bowle rühren.

2 Die Vanilleschote halbieren, seitlich aufschlitzen, das Mark aber nicht herauskratzen. Die Vanilleschote zur Bowle geben und ziehen lassen. Mit Honig abschmecken und heiß in die Thermo-skanne füllen.

ZUTATEN

FÜR 1 LITER
5 Saftorangen (ca. ½ l Saft)
½ l roter Früchtetee
1 Stück Ingwer (ca. 5 cm groß)
1 Vanilleschote
2 EL Honig

 **10 Min.**

REGISTER

A

APFEL

    Apfel-Chutney 77

    Fruchtige Lieblings-Crumble 62

APRIKOSE

    Aprikosen-Senf-Sauce 77

    Quesadillas mit Avocado und Aprikose 45

AVOCADO

    Pitabrot mit Avocado und Schinken 56

    Quesadillas mit Avocado und Aprikose 45

    Tortilla-Cups 33

B

Bester Salat unter freiem Himmel 24

Bockwurst: Hot-Dog-Stockbrot 36

Bohnen: Tortilla-Cups 33

Börek Cigars 30

Bowle: Hot Bowle 83

Brokkoli-Mandel-Füllung: Börek Cigars 30

Brotzeitbrett, wildes 76

C/E

Cakepops: Picknick-Cakepops 71

Camper-Fondue 52

Candy-Spieße: Kunterbunte Candy-Spieße 70

CHEDDAR

    Brokkoli-Mandel-Füllung: Börek Cigars 30

    Cheeseburger 44

    Easy-Peasy-Cheesy-Noodles 51

    Kartoffel-Gemüse-Boller 16

    Paprika-Käse-Füllung: Börek Cigars 30

    Tortilla-Cups 33

Cocktailsauce, feine 52

Couscous: Schichtsalat mal anders 27

Crumble: Fruchtige Lieblings-Crumble 62

Easy-Peasy-Cheesy-Noodles 51

F

Feine Cocktailsauce 52

Fenchel: Salat-Spieße 17

FETA

    Bester Salat unter freiem Himmel 24

    Gefüllte orientalische Hackbällchen 26

Fondue: Camper-Fondue 52

Frischkäse: Tramezzini-Röllchen 14

Fruchtige Lieblings-Crumble 62

G

Gefüllte orientalische Hackbällchen 26

Glücksrollen... 13

Green Lemonade... 81

Grießblüten... 60

H/I

HACKFLEISCH

Cheeseburger 44

Easy-Peasy-Cheesy-Noodles 51

Gefüllte orientalische Hackbällchen.............. 26

HÄHNCHENBRUSTFILET

Camper-Fondue 52

Tortilla-Cups 33

Hot Bowle 83

Hot-Dog-Stockbrot.................................... 36

Hot-Potatoe-Pot aus der Thermoskanne......... 83

Ice Lemonade 81

K

KARTOFFELN

Hot-Potatoe-Pot aus der Thermoskanne 83

Kartoffel-Gemüse-Boller 16

KÄSE

Brokkoli-Mandel-Füllung: Börek Cigars 30

Kartoffel-Gemüse-Boller 16

Paprika-Käse-Füllung: Börek Cigars 30

Tortilla-Cups 33

Easy-Peasy-Cheesy-Noodles 51

Kichererbsen: Schichtsalat mal anders.............27

Kidneybohnen: Tortilla-Cups 33

Kunterbunte Candy-Spieße............................. 70

L

LAUCH

Glücksrollen 13

Lauchcreme.......................................78

LIMONADE

Green Lemonade 81

Ice Lemonade.................................... 81

Pink Lemonade 81

Yellow Lemonade 81

M

MAIS

Kartoffel-Gemüse-Boller 16

Tortilla-Cups 33

MARSHMALLOWS

Kunterbunte Candy-Spieße 70

Marshmallow-Kekse mit süßen Früchtchen .. 46

MÖHREN

Glücksrollen 13

Hot-Potatoe-Pot aus der Thermoskanne 83

Ziegenkäse-Orangen-Creme 78

MOZZARELLA

Pizzakugeln 19

Quesadillas mit Avocado und Aprikose 45

Salat-Spieße 17

O/P

Oliventapenade................................76

Orange: Ziegenkäse-Orangen-Creme 78

Orientalische Hackbällchen, gefüllte 26

Pancake-Törtchen-Spieße 66

PAPRIKA

Glücksrollen 13

Kartoffel-Gemüse-Boller 16

Paprika-Käse-Füllung: Börek Cigars 30

Parmaschinken: Salat-Spieße 17

Picknick-Cakepops 71

Pilze: Glücksrollen 13

Pink Lemonade 81

Pitabrot mit Avocado und Schinken 56

Pizzakugeln 19

Q/R

Quesadillas mit Avocado und Aprikose 45

Quietschebrote 56

Rinderfilet: Camper-Fondue 52

Roastbeef: Tramezzini-Röllchen...............14

Rotbarben vom Grill 41

Rote Bete: Schichtsalat mal anders...................27

S

Salat-Spieße................................... 17

SALATGURKE

Bester Salat unter freiem Himmel 24

Schichtsalat mal anders........................27

Schafskäse-Minz-Füllung: Börek Cigars 30

Schichtsalat mal anders........................27

SCHINKEN

    Pitabrot mit Avocado und Schinken.............. 56

    Pizzakugeln.. 19

    Salat-Spieße 17

Schokotaler 63

Schooookoladige Lieblingskugeln 64

Schweinefilet: Camper-Fondue 52

SELLERIE

    Hot Potatoe Pot aus der Thermoskanne........ 83

    Schichtsalat mal anders 27

    Senf: Aprikosen-Senf-Sauce.......................76

Staudensellerie: Schichtsalat mal anders 27

Stockbrot: Hot-Dog-Stockbrot 36

Suppengrün: Camper-Fondue........................... 52

Süßkartoffel-Toasties mit Ziegenkäse 42

T

Thunfischcreme 78

TOMATEN

    Pizzakugeln 19

    Salat-Spieße 17

    Süßkartoffel-Toasties mit Ziegenkäse 42

Tomaten-Sauerrahm-Dip 16

Tortilla-Cups.. 33

Tramezzini-Röllchen..................................... 14

W

Wackelpudding selfmade 69

Wassermelone: Bester Salat

unter freiem Himmel................................... 24

WEIZENTORTILLAS

    Quesadillas mit Avocado und Aprikose 45

    Tortilla-Cups 33

Wildes Brotzeitbrett......................................76

WÜRSTCHEN

    Hot-Dog-Stockbrot................................... 36

    Hot-Potatoe-Pot aus der Thermoskanne 83

Y / Z

Yufkateig: Börek Cigars.................................. 30

Yellow Lemonade 81

ZIEGENKÄSE

    Süßkartoffel-Toasties mit Ziegenkäse 42

    Ziegenkäse-Orangen-Creme 78

ZUCCHINI

    Salat-Spieße 17

    Tramezzini-Röllchen..................................14

DIE AUTORIN: SUSANNE KLUG

Sie weiß, wie man Kindern Lust auf gesunde Ernährung macht. Darum floriert auch ihre Kochschule, die KinderKüche in München und fünf weiteren deutschen Städten seit ihrer Gründung im Jahr 2004. Davor hat Susanne Klug Ökotrophologie studiert und in der Kochbuchredaktion eines großen Ratgeberverlags gearbeitet. In ihren monatlichen Rezept-Kolumnen in der Zeitschrift „Baby und Familie" und ihren Ernährungs-Ratgebern zeigt sie wie viel Spaß gesunde Kinderernährung machen kann. Die Autorin lebt in München und ist Mutter von zwei Söhnen.

ÜBRIGENS

Sie lesen ein Rezept, kochen es nach und denken sich: Hm ... nicht so mein Ding! Dann verändern Sie es bitte nach Ihrem eigenen Geschmack. Ist Ihnen etwas zu süß oder nicht süß genug, dann her mit dem Honig, oder lassen Sie ein paar Löffel weg. Es ist Ihnen nicht ausgewogen genug, oder zu viele Zutaten tummeln sich in der Zutatenliste? Dann nehmen Sie Ihr Lieblingsgemüse aus dem Kühlschrank, stellen Sie um, und probieren Sie aus. Auch ich habe so das Kochen gelernt: durch Inspiration und die Dauerlektüre von Kochbüchern und Zeitschriften. Für mich ist vieles Anregung für meine ganz eigenen Gerichte. Viel Spaß dabei!

IMPRESSUM

© 2017 ZS Verlag GmbH
Kaiserstraße 14 b | D-80801 München

ISBN 978-3-89883-650-0
1. Auflage 2017

Projektleitung: Ines Alms
Rezepte & Texte: Susanne Klug
Lektorat: Margarethe Brunner
Grafische Gestaltung: Seidldesign, Irene Schulz
Fotografie: Barbara Bonisolli
Foodstyling: Zeynep Jansen
Producing: Jan Russok
Herstellung: Frank Jansen
Druck & Bindung: optimal media Gmbh, Röbel

Die ZS Verlag GmbH ist ein Unternehmen der Edel AG, Hamburg.
www.zsverlag.de | www.facebook.com/zsverlag